RENAUD DEMARET

Débutant sur YouTube

Gagnez vos 1000 premiers abonnés en 3 mois

Éditeur :

Renaud Demaret - Mourmelon le grand - Marne

ISBN : 978-2-491175-03-0

Dépôt légal : Juillet 2021

Imprimé à la demande par Amazon

Avertissement : ce livre est un guide pratique dédié à tous les passionnés souhaitant transformer une passion en une vraie carrière sur internet. Toute ressemblance avec des idées, théories ou personnalités malfaisantes du web dans le domaine du webmarketing serait purement fortuite.

Pour plus d'informations :

https://renauddemaret.com

contact@renauddemaret.com

First edition

This book was professionally typeset on Reedsy.
Find out more at reedsy.com

« À toutes celles et ceux qui veulent construire une présence durable sur internet. »

Contents

I Penser votre chaîne YouTube

1 Introduction : de 0 à 1000 abonnés 3
2 Le nom de votre chaîne YouTube 5

II Les pistes pour gagner des abonnés

3 Choisir les bons sujets pour provoquer l'attention, susciter... 13
4 Gagner des vues avec le référencement YouTube 26
5 Croître en clonant des vidéos 69

III Aller plus loin

6 Bonus pour aller plus loin 83

I

Penser votre chaîne YouTube

1

Introduction : de 0 à 1000 abonnés

Débuter sur YouTube peut se révéler une expérience déroutante. Nous savons qu'il y a sur YouTube des millions d'utilisateurs et nous avons envie qu'ils regardent nos vidéos, s'abonnent à notre chaîne et nous fassent éventuellement gagner de l'argent grâce aux systèmes de monétisation YouTube.

Ainsi, en tant que débutant, nous regardons avec envie ces chaînes qui ont des centaines de milliers d'abonnés et qui font des millions de vues et dont nous aimerions bien reproduire le succès pour nous-même. Seulement, nous ne savons pas toujours par où commencer pour rendre nos vidéos visibles et commencer à avoir des abonnés à notre chaîne, particulièrement quand on démarre cette aventure avec 0 fan, 0 réputation et personne pour nous soutenir.

Ce livre va vous montrer comment effectuer des choix stratégiques qui feront débuter votre chaîne YouTube sur des bases saines pour son évolution. Grâce à lui, vous allez gagner du temps, et après 3 ou 4 mois vous devriez avoir vos 1000 premiers abonnés naturellement sans tricher, ce qui devrait aussi vous permettre d'être éligible à la monétisation de votre chaîne YouTube si vous le souhaitez.

Allez, on y va, c'est parti !

2

Le nom de votre chaîne YouTube

L'un des éléments essentiels (*et pourtant négligé par les débutants*) est le choix de leur nom de chaîne YouTube. Ils choisissent un nom banal, font leurs premières vidéos et ensuite décident de trouver un nom de chaîne.

Je le sais, car j'ai moi-même fait cette grosse erreur, alors que c'est l'inverse qui doit toujours être fait. Votre nom de chaîne YouTube doit avoir 3 qualités :

- Il doit **décrire le concept de votre chaîne** (*ce que vous allez montrer*).
- Il doit être **facile à retenir**.
- Il doit porter en lui **une proposition de valeur unique**.

Cela n'a l'air de rien, mais ce sont ces principes simples qui vont influencer le type de contenu vidéo que vous allez devoir créer pour réussir sur YouTube et **faire ressentir une valeur potentielle suffisante** à des inconnus pour les inciter à s'abonner sur votre chaîne dès les premières secondes de découverte d'une de vos vidéos.

Voici des exemples de noms de chaînes YouTube qui réunissent ces 3 critères :

- La chaîne "H5 motivation".
- La chaîne "English With Lucy" (*l'anglais avec Lucy*).
- La chaîne "La machine à mixer".
- La chaîne "Voixoff Pro".
- La chaîne "Science étonnante".
- La chaîne "Pause Dev".
- La chaîne "Daily Stoic".

Bien sûr, il y en a des centaines, voire des centaines de milliers d'autres personnes qui font aussi bien pour leur nom de chaîne, mais je voulais vous donner quelques exemples de chaînes que j'aime bien et **qui font mouche avec leur nom**.

Trouver (ou imaginer) un bon concept de chaîne YouTube...

Le nom d'une chaîne peut être trouvé très facilement **en décidant ce que l'on va montrer** dans nos vidéos. Mais c'est souvent à ce moment-là que ça coince pour nous. Et si vous ne savez pas encore quoi montrer exactement, c'est parce que vous n'avez pas encore défini **votre proposition de valeur unique**.

Pour la définir, il faut d'abord identifier **votre thème général**.

Voici quelques exemples de thèmes généraux :

- La science.
- La motivation.
- La voix off.
- Le stoïcisme.

Puis, vous ajoutez **un élément de différenciation unique** à ce thème, par exemple :

- Étonnante.
- H5.
- Pro.
- Daily (journalière).

C'est ce qui nous donne des noms de chaîne comme :

- Science > étonnante.
- H5 > motivation.
- Voix off> pro.
- Daily > stoic.

Avec ces noms-là, on sait tout de suite à **quel type de vidéos s'attendre** sur ces chaînes YouTube et l'on sait immédiatement si l'on a envie de les suivre ou non. En procédant ainsi, le travail de création de contenus devient aussi plus facile et plus stratégique. En effet, chaque vidéo créé va renforcer **la**

proposition de valeur unique de la chaîne.

- « Science étonnante » va dans chaque vidéo vous montrer des choses insoupçonnées dans le domaine de la science.
- « H5 motivation » va faire des centaines de vidéos pour vous donner la patate.

Dans toutes leurs vidéos, l'objectif est le même. Que je prenne une vidéo du début de leur chaîne ou la toute dernière, **j'obtiens le même sentiment de valeur**. Et pour cause ! Ils font **toujours la même chose**, mais de manière différente et avec des sujets différents.

Si vous voulez construire une chaîne à succès, vous devez suivre leur exemple. **Toutes les vidéos que vous allez créer doivent porter un même ADN**, un même thème et une même proposition de valeur unique qui sera illustrée par **le nom de votre chaîne YouTube**.

Si vous voulez creuser plus loin cette idée, j'ai créé une petite vidéo YouTube sur ce thème avec plein d'autres exemples. La voici :

https://youtu.be/BBLRY3vPofc

Dans cette vidéo, j'explique aussi que les produits que vous pourrez proposer en plus à la vente avec vos vidéos (*produits d'affiliations ou vos propres produits*) seront des moyens de profiter encore plus de **la proposition de valeur unique mise en place sur votre chaîne.**

Pour prendre un exemple simple, si toute ma chaîne est consacrée à la musculation à la maison, je vais pouvoir **proposer des produits payants** adaptés à cette pratique.

À ce stade, vous n'avez encore créé aucune vidéo, mais choisir **votre nom de chaîne YouTube et la proposition de valeur qu'il contient** est le 1er choix stratégique important à faire pour votre chaîne YouTube. Vous ne pouvez pas le rater, il va conditionner tout le reste et l'avenir de votre chaîne.

II

Les pistes pour gagner des abonnés

3

Choisir les bons sujets pour provoquer l'attention, susciter la curiosité et attirer le clic

Comme pour le choix du nom de votre chaîne YouTube, **le choix des sujets de vos vidéos** a le pouvoir d'influencer le succès de votre chaîne.

Fondamentalement, il existe **3 pistes à suivre** pour qu'une vidéo YouTube **fasse des vues** (*comme on dit*) :

1. **Votre vidéo doit attirer l'attention** (par exemple : une danse, un mec qui casse sa télé, un titre aguicheur, etc.)
2. **Votre vidéo doit correspondre à une recherche fréquente des internautes** et se placer dans les premiers résultats de cette recherche (*c'est le référencement YouTube*).
3. **Votre vidéo doit avoir beaucoup de vidéos qui lui ressemblent** (*ce qui poussera YouTube à la suggérer souvent aux internautes qui regardent des vidéos similaires à la vôtre*).

Souvent, suivre **une seule des pistes** que je viens de vous présenter suffira à vous amener beaucoup de vues.

La première piste, qui est la plus difficile à maitriser est l'idée de faire une ou plusieurs vidéos **pour provoquer la curiosité**.

Les humains que nous sommes avons **de très grandes difficultés à résister à ce qui suscite notre curiosité**. Pensez par exemple à quelqu'un qui aligne des dominos pour les faire tomber. C'est ridicule comme activité, ça ne va pas changer notre vie de voir ça, mais **on a quand même envie de voir ce que ça va donner** une fois le premier domino poussé.

Sur YouTube (*et le web en général*) c'est la même chose, **la curiosité pousse au premier clic**. Ensuite, si on a de la chance, les spectateurs dont on aura attiré le premier clic regarderont la vidéo jusqu'à la fin et la **partageront avec leurs ami(e)s**. C'est comme ça que naît un buzz et **la majorité des vidéos à succès** sur YouTube.

Pour **provoquer facilement l'attention des gens**, on peut par exemple faire des vidéos pour pousser les spectateurs à réagir, du type :

> *« Pourquoi il n'y a que des tocards qui sont sur Instagram. »*

Certaines chaînes ou médias sont **spécialisées dans ce type de contenus** et d'accroches et font des millions de vues de cette façon, même les grandes émissions de télévision qui vont raconter les soi-disant secrets de l'industrie du...

> *« La face cachée des youtubeurs, entre imagination et décadence. »*

Bien sûr, vous n'êtes **pas obligé d'être aussi racoleur**, et vous pouvez faire des titres de ce type sur n'importe quel type de sujet, même des sujets très sérieux. La chaîne « SYMPA » en France est un bon exemple de ce phénomène avec **des titres de vidéos qui rendent curieux** comme :

> *« 40 faits méconnus qui prouvent que le monde regorge de surprises. »*

Ou encore :

> *« Voici des animaux que tu ne battras jamais à la course. »*

Ces titres fonctionnent vachement bien ! Vous le savez, car vous avez déjà cliqué sur des titres similaires. D'ailleurs, cette chaîne est vraiment « sympa », au-delà d'attirer des clics, **son contenu est plutôt bien fait**.

Cette technique de **créer des contenus en se focalisant sur le fait d'attirer l'attention** est aussi utilisée par des youtubeurs plus traditionnels, par exemple dans les tendances (*partie explorer de YouTube*), je peux lire des titres comme :

- Ma nouvelle voiture, j'ai acheté une Ferrari unique au monde !!
- Je reçois Manon sur ma chaîne, elle chante trop bien !
- On se teste au sport, le perdant a un gage horrible.
- La pire soirée de notre vie.
- Les pires choses que j'ai mangées.
- Les jeux les plus débiles en couple.

Ces titres nous montrent que **le public de YouTube est essentiellement jeune** et qu'il aime **regarder des trucs marrants**. Les jeunes sont sur YouTube pour zoner et se divertir (*même les adultes en réalité*), mais ça vous le saviez déjà, j'imagine. C'est valable pour tous les réseaux sociaux, comme les programmes de divertissement à la TV (*même ceux qui se disent sérieux avec leur format enquête, débat ou immersion*) et c'est ce qui explique que les spectateurs répondent plus volontiers aux propositions du type :

- Comment ma chaîne YouTube paye ma Ferrari.
- Les pires choses que j'ai faites pour gratter des abonnés.
- Ma vidéo la plus dingue.
- Je tourne ma première vidéo sobre, je vois des choses incroyables.

J'ai juste utilisé les modèles plus haut pour **créer de nouveaux titres accrocheurs.** Si la création de titres de type pièges à clics comme ceux-ci vous intéresse, vous trouverez un guide qui explique leurs mécanismes et comment les créer ici :

https://renauddemaret.com/titres-putaclics-clickbait-pieges-a-clics/

L'élément de curiosité détermine la valeur initiale de votre vidéo

L'important à retenir au-delà de la création du titre avec cette approche, c'est que **l'élément de curiosité que vous allez imaginer** est ce qui doit **commander la création de votre vidéo.** On ne tourne pas une vidéo pour ensuite lui trouver un titre accrocheur. Cela doit être fait bien avant d'imaginer la première scène de votre vidéo.

Trouver une idée de vidéo à fort potentiel de curiosité capable d'attirer des clics peut être facile. Il suffit de poser une question qui suscite une curiosité naturelle.

En voici une :

> *« Qu'est-ce qui se passe si quelqu'un ne mange que des bananes pendant 1 mois ? »*

Votre idée n'a pas besoin d'être loufoque non plus, et cela peut coller à **des thèmes tout à fait sérieux**. Par exemple, une vidéo qui a fait un carton sur YouTube (*plusieurs millions de vues*) et que j'ai moi-même regardée a pour titre :

> *« Je fais éclore un œuf du supermarché. »*

Le public de YouTube est curieux et il aime « **voir des choses** » (*quand il ne met pas des commentaires injurieux*). Les gens qui fréquentent YouTube sont des personnes de 7 à 107 ans, pas uniquement de jeunes crétins. Il ne faut pas s'arrêter au fait qu'une majorité soit un jeune public de moins de 13 ans. Sur YouTube, il y a vraiment de la place pour tous les créateurs et pour tous les types d'audiences possibles.

Mais que ce soit votre grand-mère qui arrive sur YouTube ou un jeune petit écervelé qui vous gratifie d'insultes en 2 ou 3 lettres, **pour peu qu'ils sachent cliquer et lire des vidéos**, tous les deux seront attirés par des titres de vidéos accrocheurs.

Déclencher la curiosité avec des titres de vidéo

Pour **susciter la curiosité avec vos titres**, vous pouvez jouer sur les **8 astuces de copywriting** que voici.

Astuce N° 1 : La surprise/l'inattendu

Les gens adorent être surpris, et vont se jeter sur une information pour combler la peur de ne pas la connaitre (*la surprise est une émotion de la famille de la peur*).

Voici des exemples :

« Cet homme a écrit 1 million de titres de vidéos en 1 heure,

voici son secret. », « Le titre de vidéo qui a fait trembler l'Élysée et qui a mobilisé 10 escouades de CRS ».

Bon, j'avoue, j'ai exagéré un tout petit peu sur celui-ci, mais vraiment un tout petit peu.

Astuce N°2 : Les questions directes

Posez une question que le public peut comprendre en rapport avec la nature de votre audience.

Par exemple :

> *« Savez-vous pourquoi vos titres n'attirent pas les clics ?*
> *»*

Astuce N°3 : Ouvrir des fossés dramatiques

Il s'agit de susciter la curiosité en ouvrant un énorme « trou » dans la réalité.

Par exemple:

> *« Ils croyaient découvrir comment écrire des titres fantastiques, ce qu'ils ont découvert à la place les a bouleversés.*
> *»*

Astuce N°4 : La négativité/la menace

Les gens sont programmés pour éviter la douleur et le danger, ce qui fait de l'évitement de la douleur le facteur de motivation le plus puissant. Aussi bien en vente que dans la vie, on agit beaucoup plus pour éviter des choses qu'en gagner. Cela veut dire que si vous faites des titres faisant référence à une douleur importante et que vous commencez à dessiner un début de solution, ils vont bien fonctionner.

Par exemple:

> *« Les 10 points à éviter absolument pour que vos titres ne soient pas ignorés par les internautes »*

Astuce N°5 : Le comment

Ce sont les titres les plus simples à faire, et les plus communs. Ils communiquent une valeur immédiate à propos d'une méthode que l'on va obtenir.

Par exemple :

> *« Comment rédiger des titres qui génèrent 300 % de clics supplémentaires. »*

Astuce N°6 : Les nombres

Les gens aiment les chiffres. Et ils les aiment encore plus quand ils expriment de la quantité.

Par exemple :

> *« 100 points communs entre les meilleurs titres des vidéos YouTube à succès. »*

Astuce N°7 : Nommer l'audience ou un groupe concrètement

Les gens se définissent par des titres honorifiques généraux ou des adjectifs spécifiques : étudiant, ambitieux, chercheur d'or, crypto mineur, youtubeur, etc. Vous pouvez donc créer des titres pour faire appel à ce besoin d'appartenance à un groupe.

Par exemple :

> *« Le guide ultime que tout youtubeur débutant est obligé de lire avant de créer des titres super accrocheurs. »*

Hé ! mais ça ressemble vachement au thème de notre livre, ça. Un peu, un peu, c'est normal, c'est moi qui l'ai fait.

Astuce N°8 : les cas précis

Les gens aiment valoriser les expériences ou les exemples concrets plutôt que des paroles ou des promesses. Vous devez donc leur proposer des titres contenant des sortes d'études de cas.

Par exemple :

> *« Comment j'ai trouvé un titre qui a généré 600 000 millions de clics en 24 heures, preuves à l'appui. »*

Vous l'aurez compris maintenant je pense, un titre accrocheur doit **provoquer une curiosité importante**, un besoin psychologique puissant chez l'internaute de voir votre vidéo jusqu'au bout pour voir de quoi il en retourne. Un peu comme lorsqu'après avoir vu le début d'un film, vous voulez en connaitre la fin. Je vous incite d'ailleurs à trouver le titre d'une vidéo (*ou son concept*) bien avant de la tourner, car c'est lui qui va faire la sauce, le sel de votre vidéo et déterminer « **votre angle artistique** ».

Le choix de votre angle artistique à partir de votre idée de vidéo

Quand vous regardez un reportage ou une émission à la télévision, vous ne le voyez pas forcément, mais toutes les images sont **montées pour vous faire arriver à une conclusion** bien précise.

Aucun reportage du journal TV n'est neutre, ils veulent tous vous envoyer un message et **tournent, sélectionnent et montent des images pour coller à ce message (*cet angle idéologique ou***

artistique). On arrive même parfois à sortir des images de leur contexte pour leur faire dire l'inverse de ce qu'elles signifient. On rajoute des gens, on change la mise en scène, on change les tons du filtre, et on monte les rushs dans un ordre différent.

Un peu à l'image des magazines de beauté, vous devez comprendre qu'**on crée une histoire en mixant des images** (*des plans en vidéo*). **Rien n'est naturel**, tout est **calculé d'avance** dans une démarche artistique. La personne qui réalise le reportage, les photos sait exactement **ce qu'elle veut montrer, filmer ou photographier**. Une personne bien préparée aura même pré-dessiné les story-boards des plans qu'elle veut ou espère capturer.

Vos vidéos n'échapperont pas à cette règle, puisque **chacun de vos plans devra être réalisé en pensant à votre angle directeur**. Si on reprend l'idée de ne manger que des bananes pendant 1 mois, pour rendre la chose drôle, on peut par exemple tourner :

1. Une scène qui explique le défi.
2. Une scène drôle au supermarché avec un caddie rempli de bananes qui déborde avec les regards suspicieux ou scandalisés des gens autour.
3. Plusieurs scènes avec différentes façons de consommer et de cuisiner des bananes.
4. Une scène avec quelqu'un qui n'en peut plus du défi et de l'odeur qui flotte dans la maison.
5. Un test chez un médecin pour voir les effets sur le corps (*une prise de sang par exemple*).
6. Une scène de fin où l'on suggère à de pauvres innocents d'acheter des camions de bananes toutes les semaines et

qui nous envoient bouler, parce qu'on est devenu accro et qu'on veut propager cette addiction.

7. Une scène où on se réveille soulagé en croyant que tout ça n'était qu'un rêve.
8. Ou pas, puisqu'en regardant autour de nous, on aperçoit une chambre avec des poupées ou peluches de singes flippantes un peu partout et des objets d'art douteux en formes de bananes.
9. La scène de fin se termine sur un regard désespéré, traumatisé, anéanti du personnage principal.
10. La scène de fin est suivie d'un message d'avertissement sur fond noir qui dit : « comme tout ce qui est bon, la banane doit être consommée avec modération. Ne faites pas ça chez vous ».

Cela n'est qu'un exemple improvisé, mais pour **avoir des idées et des plans intéressants** pour soutenir cette idée de « *ne manger que des bananes pendant pour 1 mois* », **on est obligé de savoir** si l'on va **choisir un angle** humoristique dès le départ, car si je prends le même titre et la même idée dans une démarche purement scientifique et sérieuse, je n'ai pas du tout les mêmes scènes et plans à tourner. C'est la même idée de base, la même source de curiosité (*que se passe-t-il si on ne mange que des bananes pendant 1 mois*), mais **en fonction de la proposition de valeur unique et du thème de notre chaîne,** cela peut en faire 2 vidéos totalement différentes, aussi bien au niveau des idées de plans, du rythme, de l'ambiance, des couleurs et des bruitages.

Faire connaître ses vidéos **en les dotant d'un fort pouvoir de curiosité dès l'origine** est la façon de faire la plus créative pour vos vidéos, elle ne dépend d'aucune forme de référencement ou de contenu similaire pour attirer des vues. Si elle séduit les internautes, **elle peut être très puissante et devenir virale**.

L'inconvénient, c'est qu'**une vidéo faite uniquement pour attirer un maximum d'attention** peut aussi n'être vue ou partagée par personne. C'est ce qui explique qu'on voit parfois **d'excellents créateurs qui ont peu d'abonnés** sur leur chaîne ou de vues sur leurs vidéos alors qu'ils font des vidéos excellentes. Ils ne sont pas moins bons que les autres, mais ils n'ont **pas la même « traction » initiale** que d'autres.

La traction, c'est ce qui se produit quand vous avez déjà une audience ou des gens pour **regarder massivement et partager vos vidéos** quand elles sortent. Pour vous prendre un exemple plus parlant, quand Florence Foresti a lancé sa chaîne YouTube, elle n'a **pas eu besoin d'attendre très longtemps** pour voir arriver son public regarder et partager ses vidéos, puisque grâce à la télévision elle était déjà connue et avait en quelque sorte **un réservoir de fans** prêt à **la suivre sur YouTube,** ce qui n'est probablement pas votre cas si vous lisez ce livre, en tout cas pas à cette échelle. Alors, je vous propose de voir tout de suite d'autres pistes pour faire connaître vos vidéos et votre chaîne YouTube si vous n'avez pas de relations dans les médias ou encore pas d'audience du tout.

4

Gagner des vues avec le référencement YouTube

C'est grâce au **référencement YouTube** que vous pourrez avoir des vidéos qui feront 10 k, 50 k ou 100 k vues si vous n'avez **pas de force de traction** ou de personnes pour vous soutenir au départ.

Cela va peut-être vous surprendre, mais ce ne sont **pas forcément les meilleures vidéos** qui font le plus de vues sur YouTube. À titre personnel, j'ai sur ma chaîne YouTube des vidéos de 3 minutes assez nulles **qui ont fait 60 k vues**, et puis j'ai des vidéos longues sur lesquelles j'ai travaillé pendant 2 semaines qui ont du mal à faire **plusieurs dizaines de milliers de vues.**

Concrètement au quotidien, cela donne :

- **9000 vues/mois** pour une vidéo de 3 minutes.
- **750 vues/mois** pour les vidéos longues et travaillées.

« Qu'est-ce qui peut expliquer une telle différence ? » C'est bien, vous vous posez les bonnes questions ! Ce qui facilite le référencement YouTube d'une vidéo, c'est **le niveau de rareté du sujet**, mais aussi **la thématique** et **la taille de l'audience potentielle susceptible de la regarder.**

Lorsqu'on crée des vidéos pour internet, et YouTube en particulier, **toutes n'ont pas le même potentiel** pour augmenter votre visibilité sur internet. Pour atteindre 1000 abonnés à votre chaîne en quelques mois, il est donc important que vous appreniez à **identifier les « bonnes pouliches »** qui sur la durée vont vous aider à faire croître votre nombre de vues et le temps que passent les gens à regarder vos vidéos sur YouTube (*ce qu'on appelle « le watch time » ou « **temps regardé** » sur YouTube*).

Les vues et le temps regardé sont les deux critères les plus importants de YouTube

Les vues de vos vidéos sont importantes, car ce sont elles qui vont permettre à des spectateurs de **découvrir le concept de votre chaîne,** et après avoir découvert votre chaîne grâce à l'une de vos vidéos, un minimum de 1 spectateur sur 100 va en général s'abonner pour suivre votre chaîne.

Et cela que vous soyez attirant ou non physiquement, je le précise, car même si **le physique compte souvent pour attirer des abonnements** sur les réseaux sociaux, ce n'est pas une règle absolue. Il y a beaucoup d'autres manières simples d'attirer un public.

- La **proposition de valeur unique** que vous aurez choisie (*votre concept, ce que vous allez montrer*).
- Avoir **une personnalité qui dénote** avec le reste des youtubeurs (*ce qui ne sort pas de l'ordinaire est considéré comme banal*).
- Votre **envahissement de l'espace visuel ou médiatique** dans votre domaine (*par le bon positionnement de vos vidéos, mais aussi par une uniformité visuelle chez vous ou dans vos miniatures de vidéos*).

Si vous êtes fort, vous arriverez peut-être à **mettre ces 3 principes en place**, et je vais vous donner des conseils concrets pour y arriver dans ce livre, mais si cela vous semble encore un peu lointain, voici la seule chose que vous devez retenir pour le moment :

> *« Aucun critère ne compte plus que le temps regardé sur YouTube. »*

YouTube classe nos vidéos avec des robots et des algorithmes, il n'y a pas de processus logique qui intervient pour que quelqu'un chez YouTube pense des choses comme :

- « Ce créateur est bon. »
- « Cette vidéo est meilleure. »
- « Ce type a plus d'expertise que celui-ci. »

Par exemple, si vous faites une vidéo sur la religion, **YouTube se fiche bien de savoir si vous êtes le pape ou un prédicateur** qui nous explique que nous devons nous enduire le visage de sang de tortue tous les soirs pour éloigner les maléfices (*au passage, ça doit marcher pour éloigner votre conjoint*).

Si cette vidéo fait des vues, si elle fait **du temps regardé** au point de cartonner **par rapport à la concurrence dans votre thème ou votre sujet**, votre vidéo va gagner en réputation sur la plateforme et YouTube va améliorer son positionnement dans ses résultats de recherches ou dans ses suggestions personnalisées.

Cela signifie que plus l'une de vos vidéos sera **regardée longtemps et fréquemment,** plus elle sera **mise en avant sur YouTube qui la suggérera** à un public que YouTube juge « **similaire** » au vôtre (*comprenez qui a les mêmes goûts*). C'est ce qui explique que vous verrez souvent des vidéos sur YouTube de gens dont vous n'avez rien à faire. Si vous regardez une vidéo sur le rap, on va forcément vous parler du groupe « NTM », et puis si vous regardez un clip de NTM, on va vous proposer des vidéos d'interviews de Joey Starr, ou même plus étonnant le clip de la vidéo de reprise de la chanson « Ma Benz » par le duo Brigitte.

Cela est valable pour **des vidéos dont YouTube a lié les thèmes ensemble**. Par exemple, si vous vous intéressez au marketing comme moi, vous verrez que YouTube insiste pour que vous regardiez les vidéos de vendeurs de rêve du web (*les gens qui vous disent en gros : « voici comment je gagne X€, en faisant XYZ »*).

« Paroles et paroles et paroles » comme chantait l'en-

voutante Dalida.

Si l'algorithme de **YouTube vous incite à regarder ce genre de vidéos**, c'est parce que ça fait du clic, des vues et du temps regardé dans cette thématique tout simplement (*malheureusement*). Cela signifie que, comme pour les émissions de divertissement à la télévision, il y a **un public pour les regarder**, et **des annonceurs pour y mettre des pubs**.

YouTube apprend de vos habitudes et de vos choix d'ignorer certains contenus, mais il a parfois la tentation de tester de nouvelles choses avec vous.

C'est ainsi que sans rien avoir demandé, vous verrez parfois YouTube vous suggérer des vidéos d'artistes, de politique, d'humour ou de santé dont vous n'avez rien à cirer. Ces vidéos apparaissent dans votre YouTube parce qu'à l'échelle de ce réseau social, **elles sont en train d'exploser les scores moyens de temps regardé**. Il s'agit souvent de vidéos qui incarnent une tendance ou qui rejoignent l'actualité médiatique à propos d'un sujet dont tout le monde est en train de parler.

> *Astuce : vous pouvez voir toutes les vidéos du moment qui explosent les scores actuellement en lançant YouTube avec le mode de navigation privée de votre navigateur web et sans vous connecter à votre compte.*

Comme il n'est pas facile d'identifier ces tendances, ni non plus de forcement les faire coller à vos idées de sujets de vidéos ou au concept de votre chaîne, je vais vous proposer une approche plus traditionnelle du référencement YouTube basée sur **la pertinence** de vos vidéos et leur **optimisation**.

Bien référencer ses vidéos pour gagner plus facilement du temps regardé

Si le référencement YouTube est totalement nouveau pour vous, je vous invite à regarder la vidéo ci-dessous pour comprendre de quoi nous allons parler dans ce chapitre dédié au **référencement de vos vidéos** (*ce n'est pas indispensable, mais cela vous donnera une vue plus générale du sujet*) :

https://youtu.be/4hX_0H1TA4g

Bien, si vous avez regardé la vidéo, vous avez désormais compris que les deux principaux axes pour référencer ses vidéos, sont :

1. **La pertinence** de vos vidéos pour les spectateurs.
2. **L'engagement** des spectateurs sur ces vidéos.

En théorie, **le référencement YouTube est donc extrêmement simple**. Si l'on veut être bien référencé, il suffit de créer une vidéo pertinente et sur laquelle les spectateurs de tout bord vont **s'engager massivement** et **cumuler du temps regardé**.

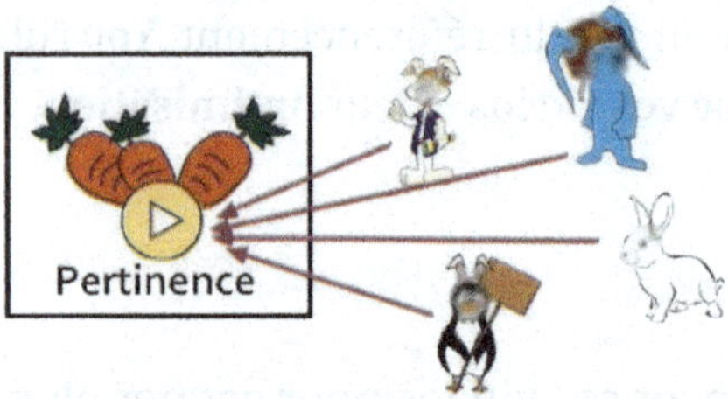

En général, pour **référencer une vidéo** en matière de pertinence, la première chose à faire est de créer un titre qui va inclure un mot clé ou une expression sur laquelle vous souhaitez vous référencer.

Voici un exemple avec le mot « *planter des carottes* » :

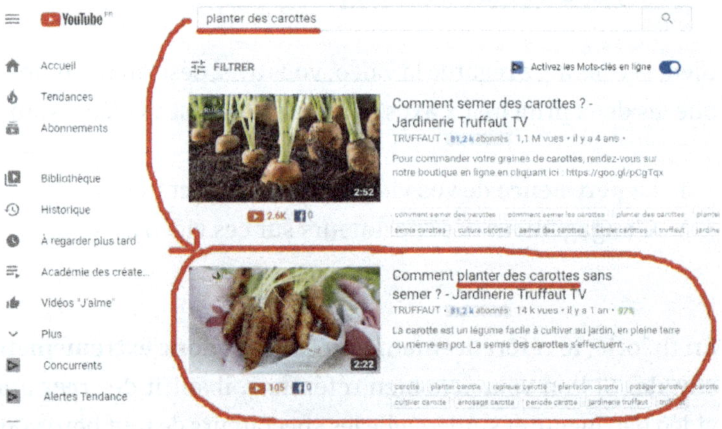

Ça, c'est la voie classique du référencement, où l'on va **inclure le mot clé dans son titre**, et aussi **mettre son expression principale ou son mot clé dans la première ligne de sa description**

de vidéo.

Pour renforcer la pertinence de notre vidéo, nous allons ajouter des tags à notre vidéo, comme ceux-ci :

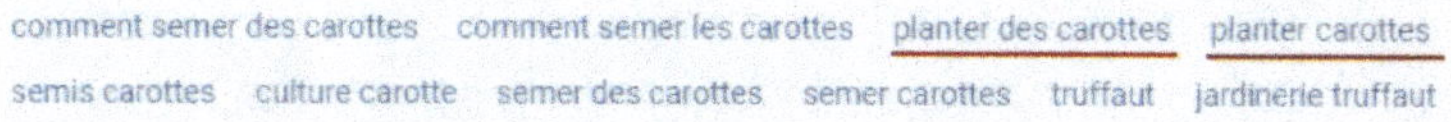

Cela fait écho à ce que j'expliquais dans ma vidéo sur les tags youtube extraite de ma formation sur le sujet du référencement YouTube. Les tags sont comme **la carte d'identité** de votre vidéo, ils indiquent à YouTube **de quoi parle votre vidéo**. Ils ont ce qu'on pourrait appeler un poids sémantique. Chacun d'eux a une certaine réputation, et cette réputation est liée à des concepts et des contextes thématiques.

Les tags servent aussi à **corriger des erreurs de langages éventuelles**. Par exemple, si une majorité de gens écrivaient : « comment j'la plant ma karotte », mettre cette phrase en guise de tag vous permettrait d'ajuster en quelque sorte votre vidéo pour capter le public qui en réalité serait en train de chercher une vidéo sur « comment planter des carottes ».

Pour trouver ses tags ou les mots clés pour ses vidéos, on peut s'inspirer :

- D'**un problème fréquent** rencontré par les internautes (*pour trouver son mot clé principal*)
- Des **mots clés utilisés par les vidéos concurrentes** sur le

sujet (*j'explique comment ici* : https://www.youtube.com/watch?v=_g25n4YkzEk)

- Partir d'un problème fréquent des internautes et **utiliser un logiciel pour découvrir des tags et mots clés potentiels** à intégrer dans la description ou les tags de notre vidéo (*j'explique comment ici* : https://youtu.be/rFWAfvfSQsI)

Revenons si vous le voulez bien aux **tags YouTube** dont j'aimerais vous faire **comprendre le mécanisme**.

Prenons un exemple un peu exagéré pour qu'il soit plus parlant. Disons que je termine de publier une vidéo sur YouTube, et que je prenne **tous les mots qui me passent par la tête** pour **décrire le contenu de cette vidéo** pour en faire mes tags YouTube.

Ce qui pourrait donner ça :

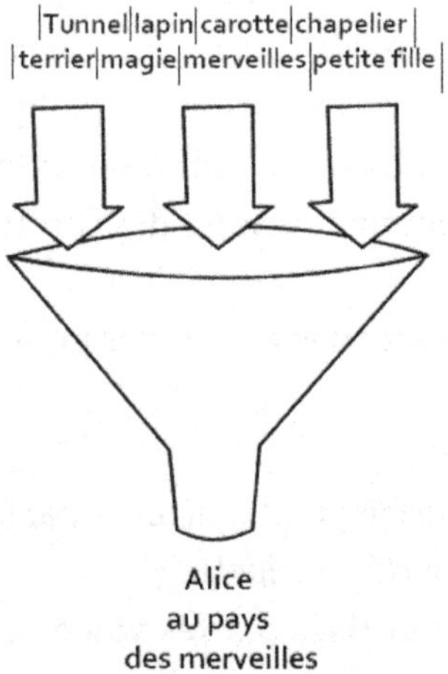

Peut-être qu'en lisant ces « tags », vous pensez naturellement à l'histoire de la petite Alice au pays des merveilles. Je les aie tapés comme ça sans trop réfléchir. Mais poussons le test un peu plus loin et **tapons ces tags à la suite directement dans une recherche YouTube.**

Voici les résultats que l'on obtient **en tapant ces tags dans YouTube** *(vous pouvez essayer vous-même)* :

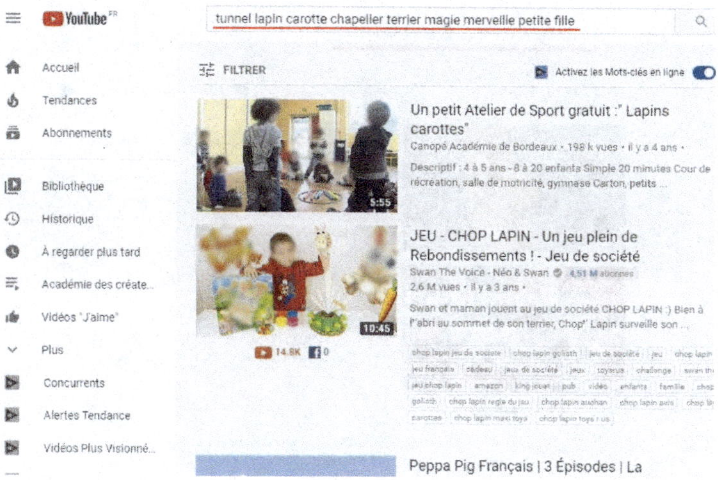

Dans cet exemple, YouTube nous montre que nous sommes clairement **allés trop loin** et par conséquent nos tags ne sont pas assez optimisés ou bien choisis (*nous sommes trop évasifs et il ne comprend pas ce que nous cherchons précisément*).

Avec cette recherche improvisée, on découvre qu'il existe aussi des vidéos très populaires sur les concepts de carottes et de lapins. Cela se mélange donc très mal avec nos autres mots. Dans ce cas, pour que nos tags aient **un bon poids sémantique**, il faudra se montrer plus modeste, et être **plus sélectif** dans le choix de nos tags YouTube pour améliorer notre référencement YouTube.

Voici un exemple de tags YouTube **avec plus de poids sémantique ensemble** :

On progresse, et on se rapproche de l'objectif, mais ce n'est pas encore ça. YouTube **comprend ce que nous cherchons**, mais comme notre recherche n'a pas encore le mot clé et le concept principal ni dans son titre, ni dans ses tags, ni dans sa description, alors ses résultats sont encore assez aléatoires.

En revanche, si on ajoute un mot qui est en lui-même **une**

catégorie ou un concept bien connu(e), alors **les résultats deviennent totalement différents** :

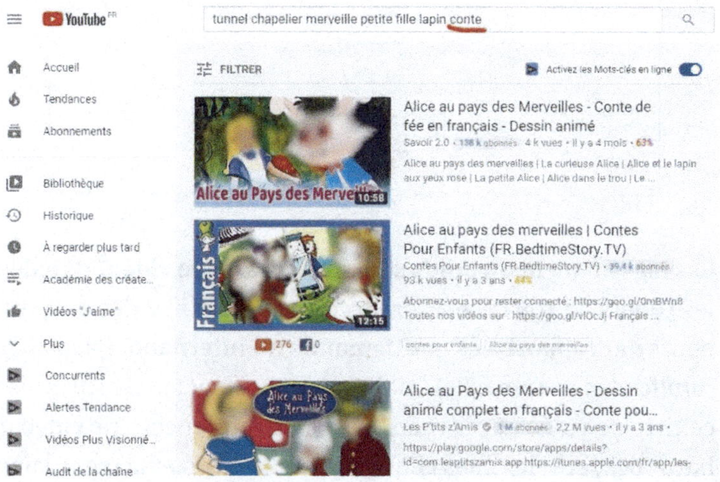

Et on retrouve finalement **des vidéos similaires** à ce que nous voulions référencer, **en n'utilisant jamais le mot clé principal**. Cela signifie que si je faisais une vidéo sur cette histoire, je pourrais référencer une vidéo YouTube avec tags-là **sans utiliser mon mot clé ou mon expression principale dans mon titre de vidéo**, car ces tags-là ensemble ont un poids sémantique lié à cette histoire.

Donc, si nous revenons aux tags YouTube de nos légumes préférés et sans exagérer, **si nous nous mettons dans la tête d'un internaute** et que nous tapons tout ce qu'il pourrait taper pour tomber sur notre vidéo, cela pourrait donner ceci :

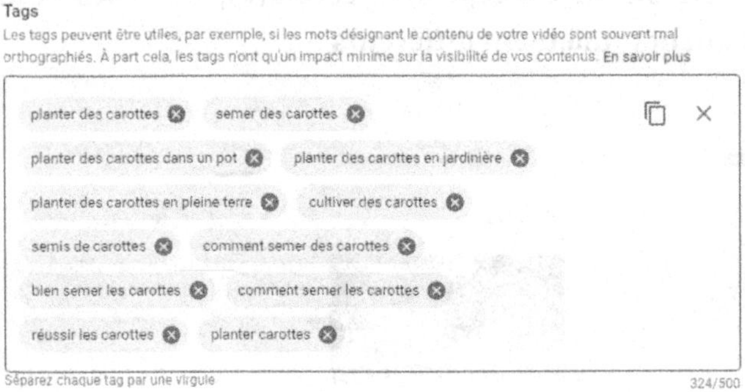

Ces tags donnent **du poids sémantique à votre vidéo.** Ils aident les robots de YouTube à comprendre que notre vidéo est pertinente **par rapport à ce que demande un internaute** (*planter des carottes dans cet exemple*). Mais je pourrais tout aussi bien utiliser ce titre de vidéo et ces mots clés pour référencer une vidéo de hard rock, et si les gens cliquaient sur la vidéo et la regardaient massivement quand YouTube l'affiche comme réponse à la recherche, on pourrait tomber sur une vidéo de hard rock en recherchant comment planter des carottes.

Évidemment, j'exagère pour l'exemple, cela ne se passe pas comme ça dans la réalité (*ou du moins ça n'arrive quasiment jamais*) puisqu'une vidéo qui **tromperait les internautes par rapport à leurs attentes** aurait rapidement des signaux d'engagement pourris et perdrait des places dans le classement des vidéos YouTube **sur cette recherche** en particulier.

La pertinence sur YouTube, c'est ça :

« Donner aux internautes ce qu'ils cherchent, voire plus

encore ! »

L'importance de l'engagement dans le référencement d'une vidéo YouTube

D'accord Renaud, les tags et les mots clés c'est bien, mais tu ne nous avais pas parlé de l'influence de l'engagement et du temps regardé sur le **référencement YouTube** au début de ce chapitre ? Tu l'as mis au placard parce que ça t'arrange ?

Holà, non pas du tout ! En fait, le référencement de vidéos YouTube est un peu comme les phénomènes de mode. Certains durent et deviennent des phénomènes de société qui vont **générer des vues et de l'argent en pagaille de manière continue**. On peut par exemple citer des films comme Star Wars, mais aussi des produits de certaines marques comme ceux de Nike (*air max par exemple*), ou des marques de luxes (*automobile, parfums, etc.*). Dans le même temps, certains produits qui ont connu **un grand succès dans le passé** disparaissent totalement du marché et plus personne ne s'y intéresse ou presque.

Comme dans la vie, si votre produit n'intéresse plus personne, il perd en réputation, et plus personne ne l'achète. Vous n'allez surement plus sur les sites Lycos ou Myspace, voire vous ne les connaissez même pas, pourtant ils étaient très populaires il y a 10, 20 ans et proposent encore des services de qualité pour les internautes. Mais aujourd'hui, ils ont été supplantés par d'autres. C'est la vie d'**un monde aussi concurrentiel que le web**.

Avec le **référencement YouTube**, c'est un peu la même chose. Au départ, si vous faites un bon travail pour les tags sur le début de vos vidéos, il n'y a aucun problème, vos vidéos vont **très bien se classer.**

Voici par exemple quelques **classements sur différents tags** que j'ai pu obtenir facilement en lançant une nouvelle vidéo sur la façon d'avoir plus de vues sur YouTube :

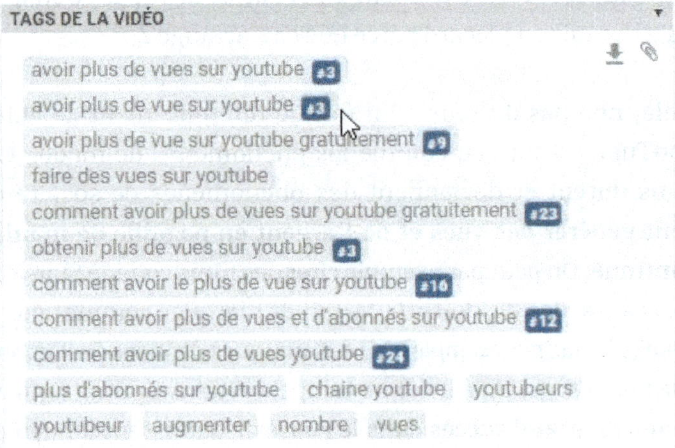

Mais passé **l'effet de nouveauté** (*et le boost de visibilité qui accompagne les nouvelles vidéos*), YouTube va **tester votre vidéo auprès d'un public potentiel** en lui mettant sous le nez avec l'aide de ses algorithmes (*c'est par exemple les vidéos que vous voyez dans vos vidéos suggérées*). Et si votre vidéo fait des scores de vues ou d'engagement inférieurs aux vidéos déjà présentes sur la plateforme sur votre sujet (*comprenez votre mot clé principal ou vos tags*), votre vidéo sera petit à petit rétrogradée en fonction de **ses scores de performance.**

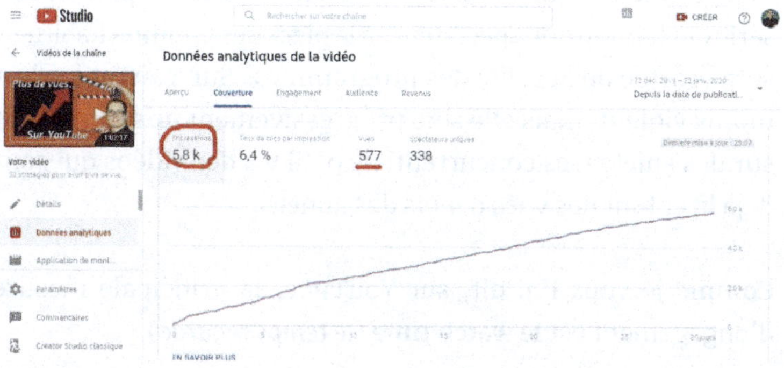

Comme vous pouvez le voir à l'image statistiquement **la croissance de cette vidéo** se porte bien. J'ai presque tous les jours une personne qui me laisse ce genre de commentaires :

C'est donc une vidéo qui **gagne des vues et des likes tous les jours par elle-même** grâce à mon bon travail d'optimisation sur les textes de ma vidéo YouTube.

Mais là encore, sur YouTube c'est comme à la TV privée, une série qui fait 100 000 spectateurs à la place des 1 million habituels sera écartée de la grille des programmes. Sur YouTube, c'est moins violent, mais elle sera progressivement **mise en retrait** sur des sujets très concurrentiels où il y a des vidéos qui sont déjà là et font des vues depuis des années.

Comme je vous l'ai dit, sur YouTube, la principale mesure d'engagement est **le watch time** (*le temps regardé*).

Le temps regardé se divise en deux catégories, **le temps regardé total de la vidéo** (*c'est le temps total accumulé depuis sa publication*), et **le temps regardé moyen** (*c'est la durée moyenne à laquelle vos spectateurs quittent votre vidéo*).

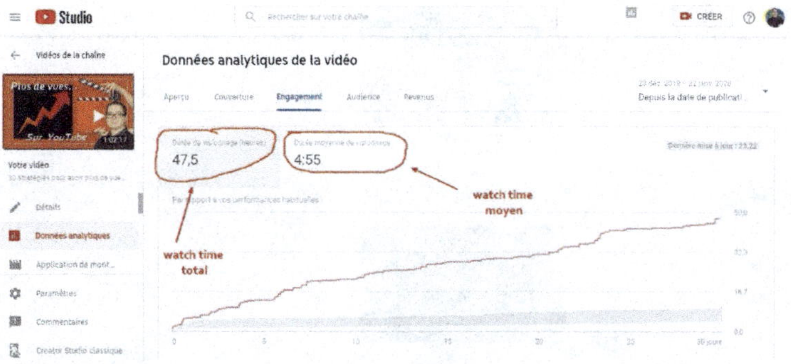

Comme vous pouvez le voir sur cette image, j'ai **un petit temps regardé,** et je suis pas toujours très doué à **garder les spectateurs jusqu'au bout de mes vidéos** puisqu'ils partent en moyenne après 4 minutes 55 (*c'est-à-dire que mes vidéos ne sont pas faites pour les gens peu courageux, à l'image de ce guide, mais c'est mon style, on ne me changera pas*). Mais si je veux voir cette vidéo monter dans le classement général de YouTube sur mon sujet, il me suffit d'améliorer subitement **le temps regardé total** et **la durée des vues**.

C'est notamment grâce au watch time qu'une petite vidéo comme celle-ci va pouvoir décrocher **la première place dans le classement des vidéos** sur **cette requête**, malgré la concurrence d'une bande annonce officielle d'un film venant d'une machine comme Disney :

Sa première place dans les recherches s'explique par le fait que personne ne va relancer le visionnage d'une bande-annonce d'un film de 1 minute **en boucle,** alors que tous les parents français sont susceptibles de suppléer la lecture d'une histoire par une vidéo YouTube et **vont aller au bout de l'histoire** avec leurs enfants avant d'aller dormir, par exemple. Et ces enfants voudront la réécouter jusqu'à la connaître par cœur... Ce qui, avec beaucoup d'enfants, nous amène à **2 millions de vues pour cette vidéo toute simple**.

En matière d'engagement des spectateurs, le watch time est **la seule donnée qui compte**. Dans mes divers tests, les j'aimes ou les commentaires ont certes une influence sur le référencement YouTube, mais ils sont beaucoup moins importants que **la durée**

des vues de vos vidéos. Cela signifie qu'une vidéo de 300 vues avec un watch time supérieur et un **bon choix de tags**, de **mots dans votre description** et d'un **titre bien optimisé** peut être mieux classée qu'une vidéo avec beaucoup de vues.

Voici un exemple :

D'ailleurs, entre le moment où j'ai fait cette capture d'écran et le moment où j'écris ces lignes, parce qu'elle a bien été optimisée, cette vidéo a fait **16 k vues en plus** sur YouTube.

Bien sûr, sur des recherches **où il y a déjà énormément de vidéos** (*et donc de concurrence*), le temps total regardé d'une vidéo ainsi que l'engagement sur cette vidéo vont compter. Cette **composante du watch time dans le référencement d'une vidéo YouTube** explique pourquoi des vidéos mettent parfois du temps à devenir numéro 1 sur YouTube, et décollent d'un coup :

Comme je vous le disais, le référencement YouTube n'est **pas une science exacte**, car on ne peut jamais prévoir **le comportement des spectateurs**, ni même à qui YouTube va suggérer votre vidéo. Si ce sont les bonnes personnes qui vont aimer vos vidéos, c'est génial, votre vidéo va vite faire partie des vidéos top 5. Si ce sont des personnes peu patientes qui quittent 2 secondes après avoir lancé votre vidéo, cela prendra un peu plus de temps. Mais ne perdez pas espoir, vos vidéos ne peuvent que monter dans YouTube avec les conseils que je vous donne aujourd'hui.

Sachez aussi que celui ou celle qui voudra essayer de déloger l'une de vos vidéos bien placés sur YouTube aura beaucoup de mal à le faire (*à condition que votre vidéo ait un temps total et un temps moyen regardé important*). Par exemple, concernant la vidéo présentée juste au-dessus, le temps moyen regardé est de 6 minutes, ce qui sur YouTube est déjà pas mal. Et son temps total regardé est presque de 700 heures. Je vais donc **rester numéro 1 sur le sujet un bon moment** à priori (*ce qui attire déjà des commentaires belliqueux de personnes jalouses qui auraient bien aimé faire cette vidéo-là à ma place*).

Depuis cette capture d'écran, cette vidéo n'est plus numéro 1 sur YouTube, mais elle a tout de même **enregistré 25 k de vues supplémentaires**.

Les pistes pour améliorer le référencement YouTube de vos vidéos

Résumons donc un petit peu ces principes qui peuvent sembler totalement **nouveaux pour vous**. Pour bien référencer une vidéo YouTube, vous pouvez donc agir sur ces 2 axes :

1. Ajouter **du texte pertinent** sur vos **titres**, **descriptions** et **tags** de vidéos.
2. Inclure des choses qui vont **engager** le spectateur à **voir votre vidéo jusqu'au bout** et à y réagir.

Je vous ai listé **les astuces simples** que vous pouvez mettre en place pour améliorer ces deux directions :

- Mettre son **mot clé dans le titre d'une vidéo** (*on a vu comment plus haut*).
- Optimiser ses **tags YouTube** (*on a vu comment plus haut*).
- Créer des **miniatures attirantes** pour **attirer des clics** (*je l'explique ici :* https://www.youtube.com/watch?v=VfYxRstWkm0&t=1446s *, et ici :* https://www.youtube.com/watch?v=V80ZGliLD20).
- **Renommer le nom de ses fichiers** (*les noms de vos images de miniatures et de vos fichiers vidéos doivent inclure votre mot*

clé principal).

- « **Voler** » **des mots clés ou copier des titres de vidéos** (*regardez ce qui marche déjà bien sur les vidéos concurrentes et inspirez-vous-en*).
- Mettre ses **mots clés les plus importants au début** (*c'est valable dans votre titre, vos tags et votre description de vidéo).*
- **Ressayer de nouvelles optimisations** si les premières n'ont pas marché *(comme on l'a vu, on peut parfois se tromper dans le choix de nos mots clés par rapport à la pertinence. Si votre vidéo est mal classée, n'hésitez donc pas à changer quelques mots pour voir si cela fait une différence. La différence se fait souvent dans les 30 secondes suivant les changements*).

Si ces astuces ne vous paraissent pas encore évidentes, c'est probablement que vous n'avez pas regardé **les vidéos que je vous ai suggérées au fil de votre lecture**. Si ce n'est pas encore fait, je vous incite donc à consulter ces vidéos avant d'aller plus loin. Pour vous faciliter la tâche, je vous les résume ici :

Pour **trouver votre nom de chaîne** et sa **proposition de valeur unique** : https://youtu.be/BBLRY3vPofc

Pour créer des **titres de type « pièges à clics »** : https://renauddemaret.com/titres-putaclics-clickbait-pieges-a-clics/

Pour connaître les principaux **facteurs de référencement** : https://youtu.be/4hX_0H1TA4g

Pour s'inspirer des **tags de vos concurrents** : https://youtu.be/_g25n4YkzEk

Pour **découvrir des mots clés (et tags)** et utiliser **un logiciel pour vous y aider** : https://youtu.be/rFWAfvfSQsI

Pour créer **des miniatures qui se démarquent** : https://www.youtube.com/watch?v=VfYxRstWkm0&t=1446s

Pour comprendre la psychologie derrière les **miniatures qui attirent l'attention** : https://www.youtube.com/watch?v=V80ZGliLD20 (*une de mes très vieilles formations privées, vous m'y verrez tout jeune, ha ha !*)

Si vous avez au moins **regardé les vidéos consacrées au référencement YouTube**, nous pouvons maintenant parler création de vidéos et comment **choisir les « bonnes pouliches »** pour votre chaîne.

Comment trouver des idées de vidéos YouTube avec du potentiel ?

Maintenant que vous connaissez la majeure partie des **secrets du référencement YouTube**, il y a une question qui doit vous bruler les lèvres.

Cette question, c'est :

> *« Quel mot clé/problème choisir sur lequel faire une vidéo ? »*

La plupart des gens vous diront d'utiliser un outil d'analyse du **volume de mots clés Google** (*comme l'outil de planification des mots clés d'adword*) pour avoir une estimation du volume de recherches mensuelles d'un mot clé et donc, en quelque sorte, de déterminer **son potentiel à vous ramener des vues**.

Cet outil vous dira par exemple que la recherche « comment planter ses carottes » génère **un volume moyen d'entre 1 k et 10 k recherches mensuelles**. Dans un monde idéal, vous faites une vidéo sur ce sujet (*ou problème*), elle apparait **top 1 des recherches sur YouTube et sur Google**, ce qui vous amène des vues par milliers. Mais il y a un problème :

> *« Vous n'êtes pas seul sur ce sujet et vous avez parfois des dizaines, des centaines, voire des milliers de compétiteurs sur un terme de recherche. »*

La plupart des gens qui connaissant « le truc » de l'astuce des volumes de recherches Google vont faire des vidéos optimisées sur les expressions de recherches **les plus demandées** par les internautes autour d'un thème. C'est pour ça que vous voyez des chaînes de séduction, de développement personnel, de cuisine et de maquillage qui ont exactement les mêmes sujets de vidéos un peu partout.

Bien sûr, vous pouvez vous aussi essayer de vous positionner sur **une expression (recherche) très concurrentielle**, mais je vous le dis tout de suite, à moins que vous soyez capable de générer un watch time total et moyen hyper important et en continu sur l'une de vos vidéos sur un sujet très demandé, il vous sera difficile, voire impossible d'obtenir beaucoup de vues de cette façon, tout simplement car il y a **trop de concurrence**.

Comment voir le niveau de concurrence sur une vidéo ?

Vous pouvez voir le niveau de concurrence sur une vidéo de manière très simple, vous allez dans YouTube et **vous tapez la requête sur laquelle vous voulez positionner** votre vidéo, et puis vous regardez :

- **Le nombre de résultats** que vous obtenez pour cette recherche.
- **La pertinence des vidéos** qui vont sont présentées.

Comme **YouTube ne communique pas le nombre exact de résultats** qu'il vous propose, je vous invite à regarder principalement **les titres des vidéos** qui vont ressortir dans les premières places. S'ils ne correspondent pas à la requête sur laquelle vous voulez faire une vidéo (*dans l'exemple ci-dessous : « semer des carottes »*), alors c'est **une opportunité pour vous**.

Ici, pas de chance, je compte **des dizaines, voire des centaines de vidéos** qui ont dans leur titre le terme « semer des carottes » :

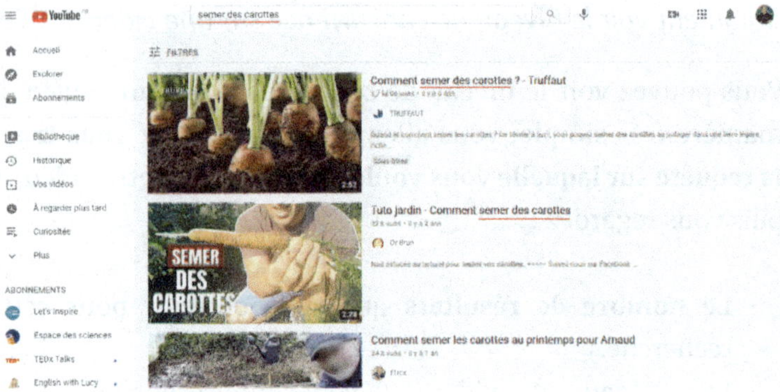

Si vous voyez 10 pages de vidéos qui traitent exactement le même sujet que vous ou presque, vous pouvez considérer que votre sujet ne représente pas vraiment **une opportunité de croissance pour votre chaîne**. Vous pourrez aussi faire une vidéo sur ce thème plus tard quand votre chaîne sera connue, mais pour le moment, il y a mieux à faire.

Oubliez les prévisions des volumes de recherche

Je vais peut-être vous surprendre en vous disant que mes vidéos **les mieux référencées sur YouTube** et dans Google (*celles qui font des dizaines de milliers de vues*) sont des vidéos où je n'ai absolument **pas regardé le volume de recherche Google** avant de les faire (*dans 80 % des cas au moins*).

Avec l'expérience, vous remarquerez aussi que ce que peuvent vous dire Google ou d'autres services de statistiques sur les volumes de recherche n'est pas toujours fiable. En fait, vous ferez même souvent vos meilleurs résultats sur **des sujets ou des**

recherches que Google considère comme pouvant apporter 0 % de trafic.

Dans notre exemple de carottes, il y a trop de concurrence sur le terme « semer des carottes » pour que notre vidéo ait **une chance d'exister**. En revanche, un terme comme « repiquer les carottes » représente une opportunité de faire des vues.

Si l'on regarde attentivement ces résultats de recherche YouTube, on peut voir que le repiquage de carottes, ça fait des vues (*52k, 60 k et 375 k pour le top 3 des vidéos*).

Bien sûr, c'est moins en comparaison du terme « semer des carottes », mais **beaucoup plus que ce que nous annonçait l'outil de planification** des mots clés d'adword (*entre 100 et 1 k de volume mensuel*).

Et puis, regardez les 3 premiers titres de ces vidéos. **Combien contiennent le terme de recherche** "repiquer des carottes" ?

Je vous remets l'image :

Eh oui... Aucune de ces vidéos ne contient ce terme de recherche exact, et parmi les dizaines de vidéos qui suivent **très peu le contiennent.** Bingo ! Voilà une recherche à fort potentiel de croissance pour votre chaîne. Avec une vidéo dont vous aurez **bien optimisé le titre, la description et les tags,** vous les dépasserez sans difficulté sur ce thème et ajouterez quelques dizaines ou centaines de visiteurs de plus sur votre chaîne tous les jours.

> *« Les meilleures vidéos YouTube à faire pour le référencement sont celles où vous aurez peu de concurrence, voire pas du tout de compétiteurs sur un terme de recherche. »*

Sur mes vidéos à succès, je suis souvent **l'un des premiers à faire une vidéo sur le sujet en question**, ou à faire **une meilleure vidéo** ou **une vidéo plus complète que les autres**. Cette vidéo, si elle répond aux attentes des internautes devient donc naturellement **une vidéo de référence** du web sur le sujet en question.

Trouver des idées de sujets de vidéos avec du potentiel qui ne sont pas déjà utilisés

La question qui doit vous venir à l'esprit en ce moment c'est :

> *« D'accord Renaud, mais comment je trouve des idées de sujets de vidéos qui ne sont pas déjà prises ? Le coup de chance avec les carottes ça ne marchera pas tout le temps. »*

Voici une première approche :

- Si vous êtes dans un domaine particulier depuis longtemps, ou que vous êtes du genre à expérimenter des choses, vous allez forcément « **tomber sur des problèmes** » à surmonter. **Ces problèmes** seront souvent **récurrents dans votre domaine** et vous n'êtes surement pas le seul à les rencontrer.

Par exemple si vous écrivez un livre, le problème de savoir **comment formater votre livre pour l'imprimer** ou l'éditer va naturellement se poser. Si personne n'a fait de vidéo sur ce sujet (*ou s'il y en a peu*) faites une **vidéo de conseils** de **mise en forme d'un livre** sous **Word** ou avec un logiciel dédié et vous avez une chance de faire un carton sur la requête. C'est comme ça que j'ai fait la vidéo intitulée :

> *« Un logiciel gratuit pour créer un livre numérique kindle (kindle create) »*

Je vous propose maintenant un exercice pour **améliorer votre façon d'écrire les descriptions de vos vidéos YouTube** pour qu'elles favorisent votre référencement et donc la découverte de vos vidéos.

Voici l'exercice : lisez la description de ma vidéo ci-dessous en considérant que chacun des mots que vous lisez est un mot clé.

C'est parti (veuillez noter que *les fautes de saisies ou d'ortographe des internautes sont laissées volontairement dans la description*) :

> « Dans cette vidéo je vous présente un logiciel gratuit pour creer un livre numerique pour amazon qui s'appelle amazon create et cela vous permettra de transformer un fichier word pour créer un ebook amazon facilement, il vous aidera à formater vos fichiers word en kindle amazon et comme vous le verrais dans le tuto il peut aussi être utilisé pour publier un livre broché sur amazon.
>
> Ce tout nouveau logiciel gratuit pour creer un livre numerique est mis à votre disposition gratuitement par amazon lui même et est compatible avec l'amazon

kdp (la plateforme amazon direct publishing où vous pourrez autoéditer vos livres et ebooks).

Ainsi si vous vous demandez comment écrire un livre sur word et ensuite comment formater un livre sur word pour amazon et comment mettre en page un livre, vous n'avez plus à vous poser la question, écrivez votre livre, utilisez ce logiciel de création de livre numérique gratuit, corrigez ce qui ne va pas et c'est parti.

Attention cette vidéo n'explique pas : comment éditer un livre sur amazon, elle se concentre sur la présentation du logiciel kindle create qui permet de formater correctement son manuscrit pour amazon.

Voici donc comment faire un livre avec word, créer son livre numérique et définir sa mise en page avec kindle create.

Si vous cherchez des choses comme :

- Comment mettre en page son livre avec word.
- Comment créer un livre kindle.
- Comment éditer un livre gratuitement.
- Comment écrire un livre sur microsoft word et comment créer un livre sur word.
- Comment auto éditer un livre.
- Comment mettre en page son livre.

Alors vous êtes au bon endroit. »

Ce texte vous paraît naturel ? Relisez-le encore. Il est **littéralement bourré de dizaines de mots clés** :

- logiciel gratuit pour creer un livre numerique.
- livre numerique.
- logiciel gratuit.
- creer un livre numerique.
- amazon create.
- creer un livre numerique pour amazon
- logiciel gratuit pour creer un livre numerique

Je m'arrête là, mais vous avez compris le principe... Au passage, sachez aussi que les mots clés que vous écrirez dans votre description **peuvent se combiner entre eux**, par exemple si un internaute tape 3 mots comme « logiciel Amazon Word », il peut quand même tomber sur cette vidéo.

C'est la magie de l'optimisation. D'ailleurs, cette vidéo à cause du peu de concurrence sur le sujet m'amène environ **30 vues par jour en plus sur ma chaîne.** Vous me direz que ce n'est pas la folie, et je vous dirais que vous avez raison.

Mais, voyez plutôt ma chose comme ceci :

> *« Si cette vidéo reste 5 ans en ligne et garde ce rythme, elle sera vue 50 000 fois par des spectateurs. »*

Pas si mal pour **une « petite vidéo » sans trop d'ambition faite en quelques heures.** Maintenant, imaginez la même chose, mais avec 50 vidéos qui **infusent la proposition de valeur**

unique de votre chaîne dans l'esprit de ces spectateurs. Cela vous donnerait à peu près :

- 2 500 000 vues et 25 k abonnés en 5 ans si vous arrivez à convertir 1 spectateur sur 100.

On pourra bien sûr toujours dire que 25 k abonnés en 5 ans, ce n'est pas beaucoup... En effet, mais **en démarrant de 0, sans soutien de personnes déjà connues**, cela devient une belle performance.

Vous n'êtes pas encore une star internationale, et peut-être que vous ne le serez jamais

Puisque nous parlons **de vues et de performance**, je vous invite dès maintenant à arrêter de vous comparer à d'autres youtubeurs par rapport à votre nombre de vues ou d'abonnés, car le nombre de vues ou d'abonnés ne reflètera pas forcément **la qualité de votre chaîne** ou de votre travail.

Pour vous donner un exemple courant de la TV, les émissions de télé-réalité font **plus d'audience** que les reportages. Pourtant, on ne peut pas objectivement dire qu'elles sont meilleures. La réalisation est peut-être bonne, mais fondamentalement, la télé-réalité **n'apportera aucune connaissance utile** à votre épanouissement personnel, alors qu'un reportage peut-être.

En tout cas, il est certain que **ce type de contenu fait moins**

d'audience qu'un talkshow ou un match de foot, car il y a tout simplement moins de demandes sur ce thème. C'est plus drôle pour les spectateurs de voir des gens se clasher ou s'insulter en direct que de mater un reportage sur la guerre du Péloponnèse, sauf si vous êtes passionné d'histoire.

Ainsi, une vidéo qui a du succès peut ne pas être durable ou intéressante. On est typiquement **dans le modèle de l'attraction**, de **la surenchère** ou de **la tendance**. C'est une stratégie comme une autre pour faire des vues, mais à titre personnel, je me demande si elle a un sens.

C'est d'ailleurs **la stratégie des émissions à succès le soir sur la TNT**, ces espèces de talkshows qui deviennent des tribunaux populaires et dont les recettes sont reproduites sur YouTube par des youtubers.

> *« Le succès explosif potentiel d'une vidéo est fortement influencé par la tendance. Une tendance qui peut être temporaire ou stable. »*

On peut identifier **un sujet avec du potentiel** selon **deux critères** :

- **C'est un sujet qui génère une forte audience**.
- Il parle à **une niche de taille importante**.

Par exemple, actuellement, l'informatique, le football, la musculation, le bio/naturel sont **des tendances fortes** et si vous regardez les chaînes YouTube au top du moment, elles seront surement consacrées de près ou de loin à **l'un de ces thèmes.** Certains thèmes comme le gaming (*jeux vidéo*) ont même droit à leur propre catégorie sur YouTube. Pour en arriver là, il faut que l**e réservoir de spectateurs soit monstrueux**.

Bien sûr, ces tendances peuvent avoir d'autres noms **selon le domaine dans lequel vous voulez construire un empire**. Par exemple, dans le domaine du web il existe des thèmes comme : « chaîne YouTube », « page Facebook », « compte Instagram » qui marchent très fort ; dans le domaine du e-commerce, c'est le « drop shipping », ou le « low-content » actuellement (*faire des livres sans contenus de type agenda*).

Plus la tendance d'un sujet est importante ou sera en train de monter, plus vous aurez de vues et plus la croissance de vos vidéos ou de votre chaîne sera importante, ce qui n'est pas forcement lié à la qualité de vos vidéos. Du moins, pas quand vous arrivez à forcer le spectateur à **regarder vos vidéos jusqu'au bout**, ce qu'il est très facile de faire en « montrant des choses », et en « alternant les plans » de ses vidéos fréquemment. Si vous ajoutez à cela une chaîne avec une proposition de valeur unique, vous pouvez **surmonter ce déficit naturel d'audience**.

Aujourd'hui, j'ai passé au moins **10 minutes à regarder un type introduire des brocolis et des carottes** dans son aquarium pour voir les effets que cela peut amener (*j'ai regardé cette vidéo comme 8 millions de personnes avant moi*). D'un point de vue général, on pourrait penser que ce genre de vidéos a moins de potentiel que des vidéos de foot qui parlent d'un PSG-OM. Mais en réalité, elles sont intemporelles et **gagnent des vues en continu**, alors que les PSG-OM, ça connait des millions de vues les jours de matchs et ensuite ça s'essouffle.

Même chose **quand on parle de vidéos d'histoire** (*où l'audience est d'ailleurs plus importante qu'il n'y parait*). Certaines vidéos d'histoire parlent de choses qui ont peu de chance de changer : « qui était le roi Arthur ? », « L'histoire de la grande muraille de Chine », « Qui était vraiment Billy the Kid ? ». À priori, ce sont des sujets qui ont donc peu de chance de changer et qui sont **capables de générer des millions de vues pour vous**, si votre vidéo est bien faite.

Votre idée doit être de faire **des vidéos qui vont devenir des références de votre genre**, le genre de vidéos qu'on regardera encore dans 10 ans, et qui en 10 ans vont accumuler tellement de temps regardé que **YouTube n'arrêtera pas de les mettre en avant sur la plateforme** pour un public susceptible de s'y intéresser. Vos vidéos sont des actifs que vous allez créer et sur lesquels vous pourrez faire reposer votre chaîne, éventuellement chaque vidéo aura aussi le potentiel de vous faire gagner de l'argent avec la monétisation YouTube.

Donc, mon conseil le plus sage de ce livre sera toujours :

> *« Focalisez-vous sur la croissance à long terme de votre chaîne, ne pensez pas à avoir des vues à court terme. Construisez une chaîne capable d'attirer des vues en permanence et de manière intemporelle. »*

Vous ne concurrencerez peut-être pas Karim Benzema en termes de vues ou d'abonnés sur YouTube, **mais on s'en fout, non** ? C'est d'ailleurs valable même si vous avez une chaîne sur le foot, vous ne démarrez pas du même point que lui, vous n'avez pas le même type de contenu, pas la même notoriété au départ. Alors, focalisez-vous sur le fait de **faire un travail de qualité** et le reste viendra, le reste ce n'est que de l'ego, et l'ego est une construction illusoire de notre esprit, qui en plus de ne pas représenter la réalité, a tendance à nous faire souffrir en nous comparant à d'autres sans tenir compte de nos propres forces initiales.

En revanche, les tendances peuvent vous inspirer des idées de vidéos

En prenant une tendance comme référence, vous devez ensuite **identifier un problème qui se répète** dans ces niches. Par exemple : comment monter son ordinateur, comment choisir son ordinateur, comment avoir plus d'abonnés, comment prendre du muscle rapidement, comment bien s'entraîner, comment vendre beaucoup de produits sans stock. Ce sont des problèmes auxquels **tous les membres d'une niche seront forcément confrontés**.

Je pense que vous avez déjà aussi compris que :

> *« Plus la taille de votre niche est importante, plus vos contenus auront de potentiel, car vous aurez plus de gens qui chercheront une solution à un même problème. »*

C'est ce qu'on appelle « la demande » dans le jargon marketing. Mais **cette demande ne semble pas toujours exister**. Par exemple, si votre truc dans la vie est de vendre des réveils, la demande n'est pas folle, car vous pouvez en acheter un peu partout, et il y en a même sur nos téléphones modernes.

Pourtant, cela ne signifie pas que vous ne pouvez pas vous servir de YouTube pour y vendre des réveils. **Vous gagnerez moins d'argent** en vendant des réveils que des voitures électriques, car le problème et **la tendance sont moins importants**. Mais cela ne signifie pas qu'il n'y a aucun potentiel commercial à vendre des réveils originaux sur YouTube, ni même que vous soyez obligé de vous limiter à la vente de réveil, vous pouvez vendre des réveils et faire autre chose en même temps (*comprenez plusieurs chaînes YouTube*). Votre vendeur d'outils préféré, il ne vend pas que des tournevis.

> *« Votre chaîne doit posséder ses propres forces et grandir à sa propre vitesse, vous êtes sur internet pour* ***construire une marque personnelle autour de votre proposition de valeur unique****. »*

Vous n'êtes pas là juste pour faire des vues et des abonnés, car **cette approche ne rime à rien sur la durée**.

Et si je n'ai toujours pas d'idées avec du potentiel ?

À ce stade, il se peut que même si vous **connaissez très bien votre domaine,** vous n'ayez pas d'idées de vidéos qui soient encore peu concurrentielles. Ne vous inquiétez pas, elles ne sont pas si faciles que ça à deviner **dans les thèmes saturés de contenus qui ont été faits uniquement pour attirer des vues**. Je vais donc vous donner de nouvelles petites astuces.

Prenons l'exemple de l'alimentation. **Votre première idée de vidéo** pourrait être une vidéo sur :

> *« Comment manger sainement ? »*

C'est un bon thème, c'est **tendance**, c'est **durable** et **la demande doit exister**, mais du coup, il doit aussi exister une énorme concurrence sur ce sujet.

Au lieu de viser ce problème principal, on va donc **penser aux sous-problèmes** possibles :

> *« Que manger quand on est végétarien ? »*
>
> *« Que manger pendant un régime ? »*

C'est déjà **plus spécifique** et donc **moins concurrentiel** que l'expression générale précédente. De manière générale, plus vous agrandissez un terme de recherche potentiel, moins il sera concurrentiel :

« Quoi manger avant de partir au travail le matin ? »

Si cette expression est encore concurrentielle (*ce n'est pas le cas ici*), au lieu de vous baser sur les volumes de recherches annoncés par Google Adword pour trouver des idées de vidéos avec du potentiel, ou d'essayer d'imiter les vidéos les plus populaires de votre thématique, vous pouvez aller faire un tour sur les forums de discussion ou les groupes Facebook sur votre thème. Et en parcourant les centaines de publications qui ressemblent à des questions de membres, vous aurez de quoi faire des centaines de vidéos de choses qui sont spécifiques, et peu concurrentielles, mais qui vont vous amener des vues ciblées à coup sûr, puisque ce sont de vraies questions que les gens se posent. À défaut de forums spécialisés, vous pouvez aussi utiliser un site comme quora.com, c'est un site où des millions d'internautes posent des questions qui les préoccupent dans toutes les langues.

Si vous faites ça, vos vidéos apparaitront rapidement dans les premiers résultats de recherche Google, ce qui amènera des clics vers vos vidéos YouTube.

Pensez par exemple à la musculation, combien de vidéos parlent de :

« Comment avoir des abdos en x jours » ?

Des centaines, n'est-ce pas ? Mais combien de vidéos parlent de :

« Comment se muscler quand on a des petits bras ? »

Ou de :

« Comment se muscler quand on est jeune ? »

Beaucoup moins, voire très peu. C'est pourtant **des questions que se posent les gens** et qui ne sont **pas totalement squattées par la concurrence potentielle** qui surutilise les outils Google. C'est donc là que vous devez aller chercher vos idées pour conquérir des vues et des abonnés **qu'eux n'ont pas su atteindre**.

Ensuite, quand vous aurez des abonnés en masse, vous pourrez faire les mêmes vidéos généralistes qu'eux, car **vos abonnés leur donneront une traction** importante en les regardant plusieurs dizaines de milliers de fois quand vous les publierez sur YouTube, rattrapant ainsi le temps regardé de vos concurrents sur ces sujets « difficiles » à référencer sur YouTube grâce à vos abonnés.

Pour trouver des forums avec des questions pour vous inspirer des centaines d'idées de vidéos, ce n'est pas difficile, vous tapez « forum + votre thème » dans Google, et vous faites **une liste de toutes les questions autour de votre sujet**. Vous pouvez faire la même chose sur Facebook en adhérant à des groupes de qualité, vous tapez simplement le nom de votre thème ou de votre sujet dans la **recherche Facebook** et vous trouverez des groupes où les internautes posent **de "vraies questions"**. Préférez les groupes d'entraides et bien gérés, certains groupes étant envahis de gens venant faire leur pub au lieu de poser des questions.

Voilà, nous avons fait le tour du référencement YouTube et nous pouvons maintenant passer à la troisième stratégie de croissance de chaîne YouTube : le caméléonisme.

5

Croître en clonant des vidéos

La troisième stratégie pour **avoir plus de vues** (*et donc d'abonnés*) est une stratégie qui consiste à faire des vidéos qui vont ressembler à **des vidéos qui existent déjà**.

Je vous ai dit précédemment que :

> *« Ce n'était pas une bonne idée de faire une vidéo sur un sujet trop concurrentiel. »*

C'est toujours vrai. Mais il existe aussi sur YouTube **un système qui relie les vidéos entre elles** quand il n'en existe pas des centaines sur un sujet (qui ont *le même titre principal*).

Être lié à d'autres vidéos ou chaînes similaires va permettre à l'une de vos vidéos d'être suggérée à un internaute **pendant qu'il regarde une vidéo sur le même thème**.

Voici un exemple de vidéos d'autres créateurs qui m'amènent **des vues suggérées sur l'une de mes vidéos** qui parle de changer son disque dur d'ordinateur :

Les outils d'analyse du YouTube studio (*dans la partie couverture*) vous montrent **d'où viennent vos vues** (quels sont les sites ou sources externes qui vous amènent des vues, quelles recherches sont tapées au sein même de YouTube pour vous trouver, ainsi que **les vidéos qui vous amènent des vues**. Sur les statistiques de cette vidéo, nous pouvons voir que cela représente 40 % des vues totales pour cette vidéo, ce qui est un pourcentage énorme !

En chiffres concrets, ces **40 % de vues suggérées** sur cette vidéo **représentent 10 000 vues** :

Je ne vous fais pas le détail des chiffres, mais disons que **ma vidéo est proposée comme alternative** sur des dizaines d'autres vidéos (*à la fin, ou sur la droite des spectateurs*), ce qui explique qu'elle génère autant de vues depuis d'autres vidéos.

Profiter du système de suggestion YouTube pour faire connaître vos vidéos

Imaginez maintenant que nous avons créé une vidéo ensemble, mais que cette vidéo soit **sur un thème vraiment concurrentiel**. Disons une vidéo qui parle de « créer sa chaîne YouTube en 2021 ».

> *« Comment fait-on pour que cette vidéo ne soit pas noyée dans le classement de YouTube et soit suggérée sur des vidéos populaires ? »*

C'est très simple, on va **imiter au maximum la vidéo star** sur notre sujet, car si vous avez une vidéo qui ressemble à la vidéo star, vous avez une chance de voir votre vidéo suggérée par YouTube à la fin de la vidéo en question (*ou sur le côté de YouTube*).

En plus du référencement YouTube (*qui peut générer de 20 % à 80 % de vos vues sur une vidéo*), **les vues suggérées** peuvent être un formidable accélérateur pour votre chaîne. En effet, les vues d'une vidéo peuvent venir de 30 à 50 % de vues suggérées, voire plus. Disons-le clairement, ce sont les vidéos suggérés ou similaires (*et le watch time/temps regardé*) qui font la réussite des **youtubeurs qui ont des succès phénoménaux**.

Imiter une vidéo populaire

La première façon d'**imiter une vidéo populaire** (*ou de faire croire à YouTube que c'est la même chose*), c'est d'utiliser **un titre de vidéo qui ressemble à une vidéo populaire**.

C'est ce qui explique que si vous regardez les vidéos d'une chaîne de musculation, les vidéos qui ont « **tiboinshape** » dans leur titre (*un youtuber célèbre de ce thème*) ont plus de vues que les autres. L'audience de tiboinshape est tellement avide de ses vidéos que tout **un réseau de similarités entre des vidéos** sur ce thème se met en place. Que vous soyez un youtubeur avec 100 abonnés ou 450 k, vous aurez des fans de tiboinshape curieux de voir ce que vous dites sur lui dans votre vidéo, et si vous en avez de plus en plus et que ça ne s'arrête pas, cette vidéo atteindra **plusieurs centaines de milliers de vues**, deviendra hyper populaire et vous amènera une foule d'abonnés.

C'est le même principe qu'avec les featurings/collaborations (*des youtubeurs qui font une vidéo ensemble*), particulièrement quand c'est votre nom qui est associé à une chaîne ou une vidéo beaucoup plus populaire, ce qui arrive souvent puisqu'en général **chacun fait une vidéo pour sa propre chaîne en même temps**.

> *Les collaborations, vous connaissez, vous en avez déjà vu…*

Mais revenons à des choses plus simples si vous le voulez bien. Imaginons que je sois un sale copieur, que **je copie totalement une vidéo existante**. Je vole tout de cette vidéo : sa miniature, son titre, sa description, ses tags, sa vidéo. Théoriquement, si c'est exactement la même vidéo, YouTube devrait **reconnaitre que c'est la même vidéo** et elle devrait avoir le même niveau de succès auprès des internautes au bout d'un moment.

Voici l'exemple d'une vidéo que j'ai déjà regardée d'une personne qui a copié une vidéo à 100 %, mais en ne gardant que le son et en virant les images pour ne pas se faire attraper :

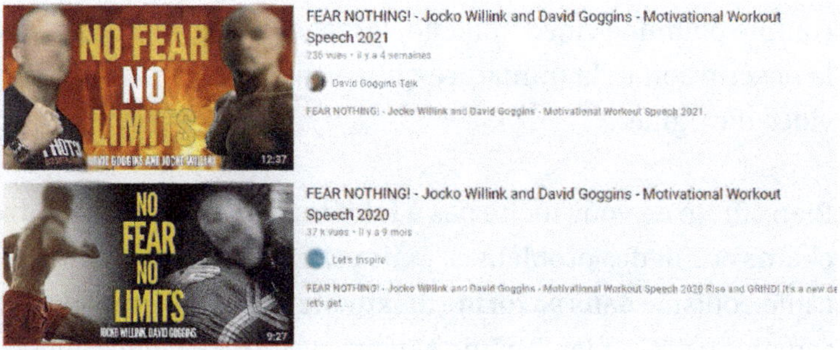

Comme je suis un spectateur régulier de la chaîne « let's inspire » (*la chaîne d'origine*), j'ai bien sûr vu que c'était de la copie pure. La personne à juste laissé un peu de musique à la fin pour que le temps de la vidéo soit différent. J'ai tout de même écouté ses vidéos copiées, et il s'est passé un truc inattendu, ce voleur est venu prendre la place de la chaîne let's inspire dans mon flux de vidéos matinales :

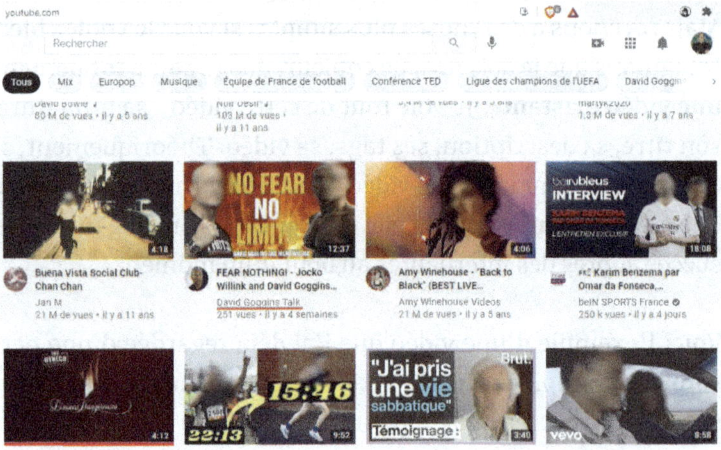

Il a réalisé cette prouesse, en copiant absolument tout ce qui compte pour une vidéo : l'audio, les tags, et le titre. Il n'y a que la description et la miniature qu'il a changée par rapport à la vidéo d'origine.

Bien sûr, je ne vous incite pas à faire la même chose, car votre chaîne aurait des problèmes. Mais cet exemple vous montre le caméléonisme **dans sa forme maximale** et vous prouve que cela fonctionne très bien, même si vous avez très peu d'audience.

Cette personne n'a pas des milliers de vues comme la chaîne d'origine, mais parvient quand même à gratter des vues juste **en recopiant totalement une vidéo** déjà populaire.

Maintenant, imaginons que nous soyons un peu moins copieurs. Disons copieur à 75 %. Nous pourrions nous contenter de **copier le titre, les tags et la description d'une vidéo**, faire plus ou moins la même durée de vidéo, mais sans copier la vidéo ou la miniature d'origine. YouTube se dirait alors : « OK **ça y ressemble beaucoup, mais c'est une vidéo différente** ».

Imaginez que :

- Nous **copions le titre.**
- Nous **copions les tags et en rajoutons quelques-uns** (*histoire de brouiller les pistes*).
- Nous **inversions l'ordre des mots dans la description** en ajoutant un peu de texte pour le mélanger au nôtre.

YouTube se dirait alors :

> *« Voilà une vidéo qui ressemble à cette autre vidéo populaire, essayons de la suggérer au même type de public histoire de voir ce qui se passe. »*

Bim ! Nous avons pris **le wagon de la similarité** en marche. L'idée du **caméléonisme** ou du clonage de vidéo est de faire une vidéo qui ressemble à une vidéo existante, mais qui soit **meilleure** et de **l'optimiser pour qu'elle lui ressemble** au maximum.

Ce qui va surtout se jouer au niveau de **la similarité du titre de vos vidéos**. YouTube va alors suggérer de temps en temps votre vidéo aux personnes qui ont regardé la vidéo star que vous imitez en pensant que la vôtre est identique, car elle a le même titre. Et si le public suit (*s'il clique sur votre vidéo et la regarde longtemps*), alors votre vidéo va **accumuler du temps regardé** et sera **associée de manière croissante à d'autres vidéos sur ce sujet** ou des vidéos proches de ce sujet. Et si tout se passe bien, vous gagnez des milliers de vues de cette façon et vous êtes lié à ces autres vidéos de manière permanente. Comme Norman est lié à Cyprien de par leur passé ou leurs collaborations communes sur YouTube.

Cependant, **cette stratégie amène avec elle deux contraintes** :

1. Vous devez le faire dans **une thématique avec une audience large et réactive**.
2. Il doit n'y avoir **que quelques vidéos similaires sur le sujet/titre/la vidéo que vous choisirez de copier**.

Cela signifie que si vous faites **une tentative de clonage** sur un sujet comme : « *le régime paléo* » ça ne marchera pas. Il y a une grosse audience potentielle, mais **le sujet ayant été abordé 1000 fois**, il y a déjà 999 clones en circulation, la concurrence est donc beaucoup trop forte !

Quand vous adoptez **une stratégie de clonage de vidéo**, il faut que vous suiviez les principes classiques du référencement

YouTube :

- **Choisissez un titre/sujet avec peu de concurrence**, mais beaucoup de vues (petit conseil : *regardez toujours le nombre de titres similaires à votre idée, et s'il y en a moins de 10 dans le top 10 de résultats de recherche, vous pouvez foncer*).
- **Faites la même chose, mais en mieux** (optez pour une *optimisation presque similaire, mais avec une meilleure vidéo*).

Si l'idée de clonage ne vous parle pas, pensez aux contrefaçons des produits de luxe. Ces produits sont rares et surtout vendus beaucoup plus cher que leur vraie valeur. Des petits malins profitent alors de cette rareté pour **créer des copies qui y ressemblent et de qualité proche** pour profiter de la popularité d'un produit pour se faire de l'argent.

Vous pouvez **faire la même chose, mais avec des vidéos** *(et pour faire mieux bien sûr)*. Mais attention, à l'image de ceux qui créent des contrefaçons, ne copiez que **ce qui a déjà prouvé son potentiel** et **qui est rare sur YouTube**. Si la vidéo ne répond pas à ces deux conditions, elle ne s'assimilera pas à une autre vidéo.

Pour donner un exemple concret, disons que si **une vidéo de foot populaire du moment** qui cartonne se nomme :

> *« Tous les buts de la carrière de Ronaldinho. »*

Faites **une vidéo intitulée** :

« Les buts les plus dingues de la carrière de Ronaldinho. »

En **empruntant un peu des tags et la description de la vidéo d'origine**, et si votre nouvelle vidéo est bonne et plait au public, le clonage sera réussi. Vous aurez aussi des chances d'être proposé sur la plupart des vidéos du type : « le plus beau but de Ronaldinho » ou « les buts de Ronaldinho au PSG ». Bien sûr, pour que ça marche, **il faut que la concurrence sur ce titre, ces mots clés en description et ces tags ne soit pas trop importante**.

Ça ne marchera peut-être pas immédiatement, car votre vidéo aura du mal à **ressembler statistiquement à la vidéo que vous voulez cloner**. Mais vous pouvez être sûr que quand YouTube essayera de l'associer à une vidéo de ce réseau d'association : « Ronaldinho + buts », elle va décoller, d'abord sur de petites vidéos similaires, puis sur la grosse vidéo que vous aurez ciblé.

Comment je le sais ? Dans cet exemple, il y a énormément de vidéos de buts de Ronaldinho, mais il n'y a aucune vidéo bien optimisée sur ce genre de titres. En fait, vous n'en avez même qu'une ou deux en français. Il est donc facile de devenir **le parfait jumeau d'une vidéo** comme celle-ci. Ce qui ne serait par exemple pas possible à faire sur une vidéo ayant pour titre « le régime paléo » parce qu'il y a des centaines de vidéos sur ce sujet sur YouTube.

Le clonage de vidéos est intéressant **quand vous voyez qu'une vidéo a du succès**, mais qu'il n'existe pas beaucoup de vidéos comme elle sur YouTube (*qu'elle n'a pas déjà des dizaines de clones*). Pour avoir une idée plus précise de **s'il est intéressant ou non d'imiter une vidéo**, dites-vous que, comme en référencement classique, plus le titre de la vidéo que vous tentez d'imiter est long, plus elle représentera normalement une opportunité facile pour vous.

- Une vidéo qui porte un titre comme : « changer le disque dur de son ordinateur portable » est plus simple à cloner qu'une vidéo qui parle de « changer son disque dur ».
- Une vidéo avec un titre comme « les plus beaux buts de Messi » est plus simple à cloner qu'une vidéo qui va parler des « buts de Messi ».

Dans ces deux exemples, les sujets sont les mêmes, l'audience potentielle aussi, mais la suggestion de vos vidéos par YouTube se fera sur la base d'un titre moins concurrentiel. Ce qui n'empêchera pas votre vidéo d'être suggérée sur toutes sortes d'autres vidéos qui parlent de « disques durs », « d'informatique » ou dans d'autres vidéos avec des « beaux buts » si vous choisissez de faire une vidéo sur le football. Mais cela s'arrêtera en général **au thème de votre vidéo** (*sauf si votre vidéo fait des scores de folie*). Ainsi, celui qui regarde une vidéo des plus beaux buts de Ronaldinho ne se verra en principe jamais suggérer une vidéo sur les plus beaux tacles défensifs de Lilian Thuram. C'est toujours du football, mais ce n'est plus le même sujet pour YouTube (*un tacle, ce n'est pas la même chose qu'un but, même si ça reste du foot*).

III

Aller plus loin

6

Bonus pour aller plus loin

Nous voilà arrivés à la fin de ce guide du débutant YouTube, avec les 3 stratégies que sont :

- **L'attraction de la curiosité**.
- **Le référencement YouTube**.
- **Le caméléonisme (*ou clonage de vidéos*)**.

Vous connaissez maintenant l'essentiel des techniques pour attirer des vues sur vos vidéos et atteindre les 1000 abonnés sans trop de soucis au bout de quelques mois. J'aimerais toutefois partager avec vous certaines de mes ressources pour vous aider à aller encore plus loin.

Pour commencer, **je vous propose gratuitement** (*sans inscription requise*) plus de 30 petits hacks pour avoir plus de vues sur YouTube que vous trouverez ici : https://renauddemaret.com/avoir-plus-de-vues-sur-youtube/

Ensuite, si vous souhaitez **développer vos connaissances techniques** en matière de tournages de vidéos ou découvrir le YouTube studio et voir comment fonctionne les outils statistiques de YouTube, je vous propose cette formation payante plutôt appréciée des débutants : https://www.udemy.com/course/creer-chaîne-youtube-debutant?referralCode=16C22359E0B522955567

Si vous souhaitez **approfondir vos connaissances sur le référencement YouTube**, ou voir comment je m'y suis pris pour devenir plus visible sur YouTube et commencer à bâtir ma propre chaîne, je propose aussi cette formation : https://www.udemy.com/course/referencement-video-youtube?referralCode=307CA4D05EAB9CF83E4B

Bien sûr, pour finir, vous pouvez aussi me retrouver sur ma propre chaîne YouTube, où je propose des formations complètes et des tutoriels sur tous les sujets auxquels je décide de m'attaquer pour les partager avec vous : https://youtube.com/c/RenaudDemaret

Je vous remercie d'avoir lu ce livre, j'espère que vous avez pris autant de plaisir à le lire que j'en ai pris à l'écrire, et qu'il aura su allumer en vous les petites étincelles qui vous mèneront vers le succès en tant que créateur de vidéos.

Si vous ne l'avez pas déjà fait, n'hésitez pas à laisser un avis pour ce livre. Les avis laissés sur la page de vente d'un livre aident de futurs lecteurs à se faire une opinion sur l'ouvrage et si celui-ci peut leur convenir. Votre avis est donc plus que jamais important pour eux et pour moi.

Je vous dis à très vite dans un autre livre, une autre formation ou une autre vidéo et vous souhaite plein de succès sur YouTube.

Made in the USA
Monee, IL
03 November 2026

67379295R00056